GRILLEN
Die besten Rezepte und Ideen

GRILLEN

Die besten Rezepte und Ideen

Gondrom

Lizenzausgabe für Gondrom Verlag, Bindlach 2002

Rezepte: Christine France, Steven Wheeler, Liz Trigg
Fotos: Edward Allwright, Michelle Garrett, Don Last
Layout: Patrick McLeavey

Übersetzung aus dem Englischen:
Anette Bewermeier für GAIA Text, München
Satz und Produktion der deutschen Ausgabe:
GAIA Text, München

ISBN 3-8112-2016-0

Der Umwelt zuliebe gedruckt auf chlorfrei gebleichtem Papier.

HINWEIS

Alle Informationen und Hinweise, die in diesem Buch enthalten sind, wurden vom Autor nach bestem Wissen erarbeitet und von ihm und dem Verlag mit größtmöglicher Sorgfalt überprüft. Unter Berücksichtigung des Produkthaftungsrechts müssen wir allerdings darauf hinweisen, dass inhaltliche Fehler oder Auslassungen nicht völlig auszuschließen sind. Für etwaige fehlerhafte Angaben können Autor, Verlag und Verlagsmitarbeiter keinerlei Verpflichtung und Haftung übernehmen.

Korrekturhinweise sind jederzeit willkommen und werden gerne berücksichtigt.

Inhalt

Einleitung

Nichts regt den Appetit so sehr an wie der Duft und der Anblick guter Speisen, die auf dem Grill garen, und kein Anlaß ist zwangloser als ein Barbecue im Freundeskreis.

Wie auch sonst beim Kochen hängt das Ergebnis ebenso vom Talent wie von der Planung ab. Alle Mühe war umsont, wenn Sie das Grillfeuer entfacht haben und dann feststellen, dass das Brennmaterial nicht ausreicht oder die Brötchen für die Hamburger vergessen worden sind. Mit einer guten Ausrüstung und Begeisterung allein ist es nicht getan, den Erfolg machen vor allem Vorbereitung und Erfahrung aus.

Das Angebot an Grillutensilien reicht von kleinen Einweg-Alubehältern bis zu modernsten Gas- oder Elektrogrills. Für Grillanfänger empfiehlt sich ein Holzkohle- oder Kugelgrill. Bei ersterem handelt es sich um ein einfaches Kohlenbecken auf Beinen, mit verstellbarem Rost und Schlitzen oder Klappen, die den Luftstrom zu den Kohlen regulieren. Ein Kugelgrill ist ein schüsselförmiger Grill mit einem gewölbten Deckel, der die Wärme reflektiert und so den Garprozess beschleunigt und notfalls die Glut vor Regen schützt.

Beide Modelle sind in der Regel mit Rädern und zusätzlich einem oder zwei stabilen Beinen für einen festen Stand ausgestattet. Mit den Rädern lässt sich die Position des Grills schnell verändern, wenn der Wind dreht – ein wichtiger Aspekt, wenn Sie planen, im Freien zu grillen und zu essen. Wählen Sie eine geschützte Stelle, die vom Haus aus gut erreichbar und möglichst frei von Pflanzen ist. Denken Sie dabei auch daran, dass der Wind den Rauch nicht in den Essbereich bläst.

Für ein Kohlen- oder Holzfeuer legt man am besten eine etwa 5 cm hohe Lage aus Holz, Holzkohle oder Briketts auf den Kohlenrost und schichtet in der Mitte weiteren Brennstoff zu einer Pyramide auf. Dann schiebt man einen oder zwei Grillanzünder in die Pyramide, entzündet sie mit einem langen Streichholz und lässt die Kohlen 15 Minuten brennen, bevor man sie verteilt. Warten Sie mit dem Grillen, bis die Kohlen aschgrau sind – dies dauert 30–45 Minuten.

Überprüfen Sie vor dem Grillen, ob alles Nötige bereit liegt, einschließlich der Grillhandschuhe, einer feuerfesten Schürze und eines mit Wasser gefüllten Eimers für den Notfall. Garzeit und Grilltemperatur richten sich nach der Art und Konsistenz des Grillguts. Die Hitze wird reguliert, indem man den Grillrost tiefer oder höher setzt und die Kohlen zusammenschiebt oder verteilt. Wird nur ein Stück gegrillt, etwa ein ganzer Lachs, ist dies verhältnismäßig einfach; schwieriger wird es, wenn sich verschiedene Grilladen auf dem Rost befinden: Dann schiebt man in der Mitte einen Teil der Glut zusammen, um eine starke Hitzequelle für Steaks, Würste oder Koteletts zu bilden. Gemüse, zartes Geflügel und Fisch wird gleichzeitig weiter außen auf den Rost gelegt, wo die Hitze geringer ist. Nachspeisen wie gebackene Bananen und glasierte Ananas kann man auch über der verglimmenden Glut garen.

Nehmen Sie sich Zeit beim Grillen und lassen Sie – schon aus Sicherheitsgründen – keine Hektik aufkommen. Das Schöne am Grillen ist ja gerade die Kombination aus herrlichen Speisen und entspannter Atmosphäre, die Sie in aller Ruhe genießen sollten!

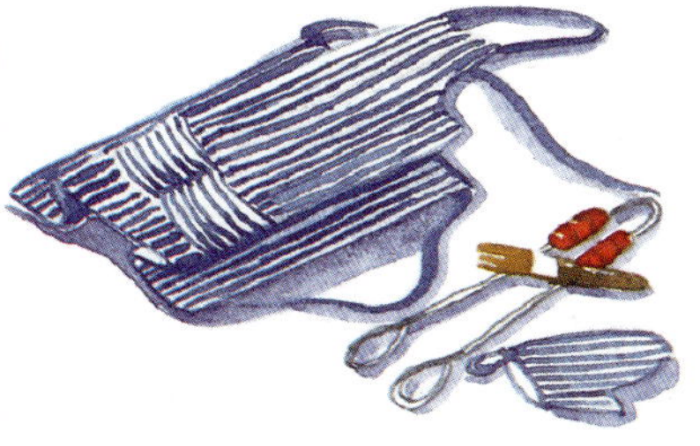

Die beliebtesten Grillspeisen

RINDFLEISCH

Rindfleisch wird bei starker Hitze gegrillt. Entfernen Sie überschüssiges Fett, um Stichflammen weitgehend zu vermeiden. Die Garzeit für Steaks von 2–3 cm Dicke beträgt 5 Minuten, wenn sie noch blutig, 8 Minuten, wenn sie medium, und 12 Minuten, wenn sie durchgebraten sein sollen. Frikadellen müssen immer ganz durchgebraten werden. Prüfen Sie den Gargrad, indem Sie das Fleisch anstechen: Der Saft sollte klar sein und das Fleisch keine rosa Stellen mehr aufweisen.

HUHN

Immer eine gute Wahl, vor allem, wenn man es mariniert. Grillen Sie Hühnerbrüste bei schwacher, Flügel, Keulen und Hühnerviertel bei mittlerer Hitze. Brüste und Flügel benötigen 15 Minuten, andere Teile und Stubenküken 30 Minuten. Huhn muss gut durchgegart werden, es ist daher sinnvoll, das Fleisch unmittelbar vor dem Grillen in der Mikrowelle oder im Ofen vorzugaren. Abgekühltes Hühnerfleisch sollte man nicht wieder aufwärmen.

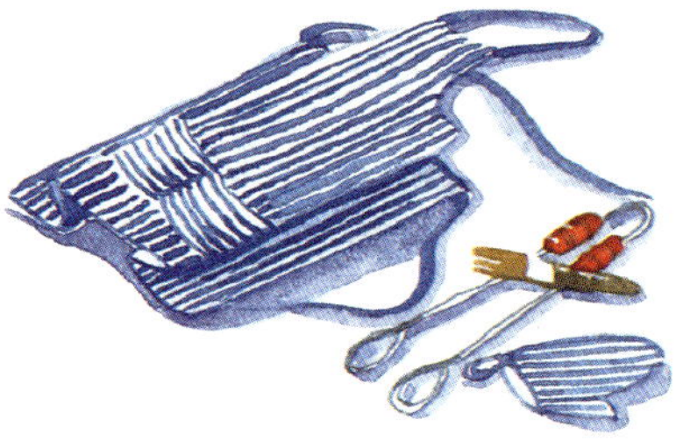

FISCH

Bei schwacher bis mittelstarker Hitze sollte man ganze Fische mehrmals einschneiden, damit sie gleichmäßig garen. Legen Sie Fische mit festem Fleisch direkt auf den Rost, zartfleischige Sorten wickelt man mit Zitronensaft und Butter in Alufolie. Fettreiche Fische müssen nicht bestrichen werden. Verstärken Sie die Hitze am Ende der Garzeit, damit die Haut knusprig wird. Fische über 2 kg benötigen etwa 10 Minuten je 2–3 cm Dicke. Kleinere Fische, Steaks und Filets sind gar, wenn sie sich zur Probe mit einem scharfen Messer leicht zerteilen lassen.

OBST

Bananen lassen sich ausgezeichnet grillen – einfach in der Schale auf den Rost gelegt, erreichen sie den idealen Gargrad. Probieren Sie auch Ananas und Äpfel in Alufolie.

LAMMFLEISCH

Steaks aus der Keule und Koteletts garen bei Mittelhitze in 10–15 Minuten; Spieße sind unter Umständen schneller fertig. Eine auseinandergeklappte Lammkeule benötigt etwa 1 Stunde.

SCHWEINEFLEISCH

Filet eignet sich hervorragend für Spieße. Würfel oder Koteletts von 2–3 cm Dicke grillt man 15 Minuten bei mittlerer Hitze. Spareribs benötigen 30–40 Minuten, dicke Würste 15–20 Minuten. Braten Sie Schweinefleisch stets gut durch; Würste können Sie auch in der Mikrowelle vorgaren.

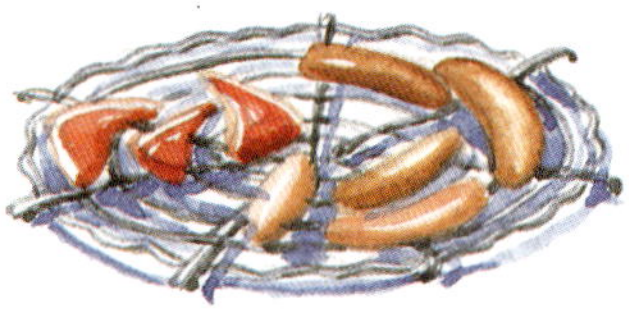

MEERESFRÜCHTE

Garnelen und Jakobsmuscheln ohne Schale sollten bei schwacher Hitze gegrillt und häufig mit Öl bestrichen werden. Meeresfrüchte in der Schale vertragen Mittelhitze und garen etwas länger (rechnen Sie etwa 6–8 Minuten für große Garnelen in der Schale und 4–6 Minuten für geschälte Tiere). Grillen Sie Miesmuscheln, bis sie sich öffnen.

GEMÜSE

Kartoffeln und Kürbisse kann man in Alufolie wickeln und direkt in der Glut garen, Pilze zusammen mit Kräuterbutter in Folie auf dem Rost grillen. Herrlich schmecken auch gegrillte Auberginen, Tomaten und Paprikaschoten.

ANMERKUNG: Angegeben sind immer die ungefähren Garzeiten.

SICHERHEITSHINWEISE

Vergewissern Sie sich, dass der Grill eben steht.
Lassen Sie ein Feuer niemals unbeaufsichtigt.
Halten Sie Kinder und Tiere vom Grill fern.
Hantieren Sie nicht mit entflammbarer Flüssigkeit.
Tragen Sie eine feuerfeste Schürze und verwenden Sie Grillhandschuhe sowie Grillbesteck mit langen Griffen.
Ersticken Sie nach dem Grillen das Feuer.

Küchentechniken

IN DER FOLIE GAREN

Zartes Grillgut oder solches, das am besten im eigenen Saft gart, kann in Alufolie gewickelt und auf den Grillrost oder, im Falle von Kartoffeln oder Kürbissen, direkt in die Glut gelegt werden. Zwei ausreichend große, identische Stücke aus fester Alufolie zurechtschneiden und übereinander legen. Die Folie dünn mit Öl oder zerlassener Butter bestreichen und das Grillgut in die Mitte legen; nach Belieben Gewürze oder Kräuter darüber streuen. Anschließend ein festes Päckchen falten und die Kanten gut ineinander falzen, damit während des Grillens kein Saft austreten kann.

EINEN GANZEN FISCH VORBEREITEN

Kleine, fettreiche Fische wie Makrelen oder Forellen lassen sich hervorragend grillen. Wurde der Fisch noch nicht ausgenommen, mit einer Küchenschere die Flossen entfernen und die Kiemen herausschneiden. Zum Schuppen den Fisch am Schwanz halten und mit dem Rücken eines kleinen Messers zum Kopf hin schaben. Unter kaltem Wasser abspülen. Zum Öffnen der Bauchhöhle mit dem Messer unterhalb des Schwanzes ansetzen und bis hinter die Kiemen schneiden. Die Eingeweide entfernen und wegwerfen. Die Bauchhöhle auswaschen und mit Salz einreiben. Nochmals auswaschen und trockentupfen.

Marinaden

Marinaden verleihen Gegrilltem Würze sowie eine saftige und – dies gilt vor allem für Fleisch – zarte Konsistenz. Pikante Marinaden enthalten in der Regel Öl, der Anteil richtet sich nach dem Fettgehalt des Grillguts. Die Teile nebeneinander in eine flache Schüssel legen, mit der Marinade übergießen und wenden, um die Marinade gleichmäßig zu verteilen.

Abdecken, je nach Rezept kalt stellen und gelegentlich wenden. Während des Grillens mit der restlichen Marinade bestreichen. Stark öl- oder alkoholhaltige Marinaden nur dünn aufstreichen, da es sonst Stichflammen geben kann. Süße Marinaden, die Zucker oder Honig enthalten, erst gegen Ende der Garzeit auftragen, da sie schnell verkohlen.

Einfache Marinade (für Fleisch oder Fisch)
Eine zerdrückte Knoblauchzehe mit jeweils 3 EL Sonnenblumenöl und trockenem Sherry mischen. Jeweils 1 EL Worcester-Sauce und dunkle Sojasauce unterrühren. Mit einer Prise frisch gemahlenem schwarzem Pfeffer abschmecken.

Kräutermarinade (für Fisch oder Huhn)
120 ml trockenen Weißwein mit 4 EL Olivenöl und 1 EL frisch gepresstem Zitronensaft verrühren. 2 EL fein gehackte frische Kräuter hinzufügen und mit frisch gemahlenem schwarzem Pfeffer abschmecken.

Zitrusmarinade (für Ente oder Schweinefleisch)
Jeweils 1 TL abgeriebene Schale einer unbehandelten Zitrone, einer Limette und einer Orange mit jeweils 2 EL frisch gepresstem Zitronen-, Limetten- und Orangensaft vermischen. 3 EL Sonnenblumenöl, 2 EL flüssigen Honig und 1 EL Sojasauce hinzufügen. 1 TL Dijon-Senf unterrühren.

Rotweinmarinade (für Rindfleisch oder Wild)
150 ml trockenen Rotwein mit jeweils 1 EL Olivenöl und Rotweinessig, drei zerdrückten Knoblauchzehen und zwei zerriebenen Lorbeerblättern verrühren.

Fleischgerichte

Chinesische Spareribs

ZUTATEN

2 kg Spareribs
½ TL milde Chilisauce
4 EL Sojasauce
1 EL Sonnenblumenöl
2 TL chinesisches Fünfgewürzpulver
2 Knoblauchzehen, zerdrückt
1 EL frisch gemahlene Ingwerwurzel
2 EL dunkler Muscovado-Zucker
4 Lauchzwiebeln zum Garnieren

FÜR 4 PERSONEN

1 Die Spareribs, sofern noch nicht geschehen, vom Metzger portionieren lassen oder selber mit einem scharfen Messer zerteilen. In eine große Schüssel geben.

2 In einer anderen Schüssel Chilisauce, Sojasauce und Öl verrühren. Gewürzpulver, Knoblauch, Ingwer und Zucker zufügen, alles gut vermischen. Über die Spareribs geben und wenden, bis alle Teile gleichmäßig bedeckt sind. Abgedeckt im Kühlschrank über Nacht marinieren.

3 Die Spareribs bei mittlerer Hitze unter häufigem Wenden 30–40 Minuten grillen. Gelegentlich mit der restlichen Marinade bestreichen.

4 Die Lauchzwiebeln in Scheiben schneiden. Die gegrillten Spareribs auf einer Platte anrichten und die Lauchzwiebeln darüber streuen.

KÜCHENTIPP

Verwenden Sie nur echtes chinesisches Fünfgewürzpulver, denn andere Fünf-Gewürze-Mischungen enthalten wesentlich mehr Salz.

Tex-Mex-Burger

ZUTATEN

500 g mageres Rinderhackfleisch
1 kleine Zwiebel, fein gehackt
1 kleine grüne Paprikaschote, fein gehackt
1 Knoblauchzehe, zerdrückt
Öl zum Bestreichen
4 frische Tortillas
Salz und frisch gemahlener schwarzer Pfeffer
Gehacktes Koriandergrün zum Garnieren
Grüne Salatblätter zum Servieren (nach Belieben)
GUACAMOLE
2 reife Avocados, halbiert und entkernt
1 Knoblauchzehe, zerdrückt
2 Tomaten, klein gewürfelt
Saft einer frisch gepressten Limette oder Zitrone
½ frische, kleine grüne Chilischote, fein gehackt
2 EL gehacktes Koriandergrün

FÜR 4 PERSONEN

1 Hackfleisch mit Zwiebel, Paprikaschote und Knoblauch in eine Schüssel geben. Mit Salz und Pfeffer würzen. Alles gut vermischen und in vier Portionen teilen.

2 Mit feuchten Händen jede Portion zu einer runden Frikadelle formen. Anschließend mit einem Geschirrtuch abdecken und beiseite stellen.

3 Das Avocadofleisch in eine Schüssel geben und mit einer Gabel zerdrücken. Knoblauch, Tomaten, Limetten- oder Zitronensaft, Chilischote und Koriandergrün untermischen. Mit Salz und Pfeffer abschmecken. Mit Frischhaltefolie abdecken.

4 Die Frikadellen dünn mit Öl bestreichen. Bei mittlerer Hitze 8–10 Minuten grillen, bis das Fleisch ganz durchgegart ist. Dabei einmal wenden.

5 Die Tortillas kurz vor dem Servieren von jeder Seite etwa 15 Sekunden grillen. Jeweils einen Esslöffel Guacamole und eine Frikadelle auf eine Tortillahälfte geben und die zweite Hälfte darüber klappen. Mit Koriander und Salatblättern garnieren.

Pfeffersteaks in Bier-Knoblauch-Marinade

ZUTATEN

4 Rumpsteaks, 2-3 cm dick
(jeweils etwa 180 g)
2 Knoblauchzehen, zerdrückt
120 ml dunkles Bier
1 EL dunkler Muscovado-Zucker
2 EL Worcester-Sauce
1 EL Maiskeimöl
1 EL zerstoßene schwarze Pfefferkörner

FÜR 4 PERSONEN

1 Die Steaks nebeneinander legen. Bier, Worcester-Sauce, Öl, Knoblauch und Zucker in einer Schüssel verrühren und über das Fleisch gießen. Dabei die Steaks wenden. Abdecken und 2–3 Stunden oder über Nacht im Kühlschrank marinieren.

2 Die Steaks aus der Schüssel nehmen; die Marinade beiseite stellen. Den zerstoßenen Pfeffer gleichmäßig über die Steaks streuen und andrücken.

3 Die Steaks bei starker Hitze von jeder Seite 3–6 Minuten grillen oder bis der gewünschte Gargrad erreicht ist. Dabei einmal wenden und mit der restlichen Marinade bestreichen. Nach Belieben zu jedem Steak eine gebackene Kartoffel und Salat reichen.

KÜCHENTIPP

Bestreichen Sie die Steaks jeweils nur sparsam mit Marinade, da die Glut aufflammt, wenn Alkohol hineintropft.

Lammrippchen in Lavendelmarinade

ZUTATEN

4 Lammkarrees mit jeweils 3-4 Koteletts
1 Schalotte, fein gehackt
3 EL gehackter frischer Lavendel
1 EL Balsamessig
2 EL Olivenöl
1 EL frisch gepresster Zitronensaft
Salz und frisch gemahlener schwarzer Pfeffer
Frische Lavendelzweige

FÜR 4 PERSONEN

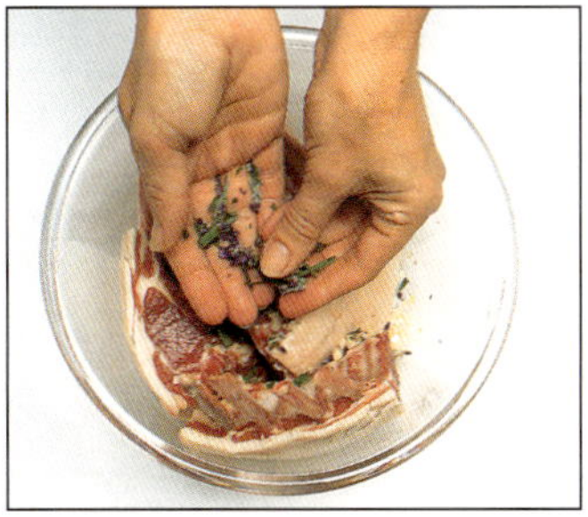

1 Die Lammkarrees in eine große Schüssel geben und die gehackte Schalotte darüber verteilen. Den Lavendel zwischen den Fingern zerreiben, damit sich das Aroma entfalten kann, und über das Fleisch streuen.

2 Essig, Öl und Zitronensaft in einer Schüssel mit einer Gabel verquirlen. Über das Lamm gießen. Mit Salz und Pfeffer würzen. Das Fleisch in der Marinade wenden, bis alle Teile gleichmäßig bedeckt sind.

3 Einige Lavendelzweige über den Rost oder die Glut streuen. Der Grill sollte mittlere Hitze haben. Das Fleisch aus der Marinade nehmen und auf den Rost legen. 15–20 Minuten grillen, bis das Fleisch außen goldbraun und innen noch leicht rosa ist. Dabei gelegentlich mit der restlichen Marinade bestreichen. Heiß servieren. Mit Lavendelzweigen garnieren.

VARIATION

Wer mag, kann anstelle des Lavendels auch Rosmarinnadeln verwenden – sie liefern ein herrlich würziges Aroma, wenn sie auf dem Grill verbrennen.

Speck-Kefta-Kebabs mit Bulgursalat

ZUTATEN

250 g magerer durchwachsener Speck, gewürfelt
1 kleine Zwiebel, gehackt
1 Stange Bleichsellerie, gehackt
50 g frische Vollkorn-Semmelbrösel
3 EL gehackter frischer Thymian
2 EL Worcester-Sauce
1 Ei, verquirlt
Salz und frisch gemahlener schwarzer Pfeffer
Öl zum Bestreichen
BULGURSALAT
120 g Bulgur
4 EL geröstete Sonnenblumenkerne
2 EL Olivenöl
Einige Sellerieblätter, gehackt

FÜR 4 PERSONEN

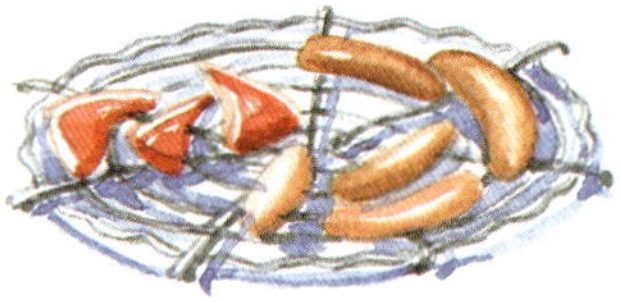

1 Acht Bambusspieße 30 Minuten in kaltem Wasser einweichen. Speck mit Zwiebel, Sellerie und Semmelbröseln mit dem Messereinsatz der Küchenmaschine fein hacken. Thymian und Worcester-Sauce hinzufügen. Mit Salz und Pfeffer abschmecken und nochmals kurz hacken. Bei laufendem Gerät gerade so viel Ei hinzugießen, dass eine gebundene Masse entsteht.

2 Die Speckmischung mit Hilfe eines Messers auf ein Brett geben und mit feuchten Händen in acht gleich große Portionen teilen. Die Bambusspieße abtropfen lassen. Jede Teigportion um einen Spieß herum zu einer langen Wurst formen und gut andrücken. Kalt stellen, bis der Bulgursalat fertig ist.

3 Den Bulgur in eine große Schüssel geben und mit kochend heißem Wasser bedecken. Etwa 30 Minuten stehen lassen, bis die Körner weich sind. Durch ein mit einem Musselintuch oder sauberen Geschirrtuch ausgelegtes Sieb gießen. Gut abtropfen lassen, dann die Ränder des Tuches aufnehmen und so viel Flüssigkeit wie möglich aus dem Bulgur pressen. In eine Servierschüssel geben.

4 Sonnenblumenkerne und Öl an den Bulgur geben. Mit Salz und frisch geriebenem schwarzem Pfeffer abschmecken. Die gehackten Sellerieblätter untermischen. Beiseite stellen.

5 Die Kebabs bei mittlerer Hitze 8–10 Minuten grillen. Gelegentlich mit Öl bestreichen und mehrmals drehen. Zum Servieren die Kebabs an den Spießen belassen. Dazu den Bulgursalat reichen.

Gemischte Spieße mit Meerrettichbutter

ZUTATEN

4 kleine Lammnüsschen, 2–3 cm dick
4 Lammnieren
8 Scheiben durchwachsener Speck ohne Schwarte
8 Kirschtomaten
8 italienische Chipolata-Würstchen
20 Lorbeerblätter

MEERRETTICHBUTTER

40 g Butter
2 EL Meerrettich aus dem Glas
Salz und frisch gemahlener schwarzer Pfeffer

FÜR 4 PERSONEN

1 Die Lammnüsschen vom Fett befreien. Die Nierchen längs halbieren, das Kernstück mit einer Schere entfernen. Die Speckscheiben quer halbieren und die Tomaten und Nierenhälften damit umwickeln.

2 Abwechselnd Lammnüsschen, Würste, Lorbeerblätter sowie eingewickelte Tomaten und Nieren vorsichtig auf vier Metallspieße stecken; dabei die Fleischstücke seitlich aufspießen, damit sie besser garen.

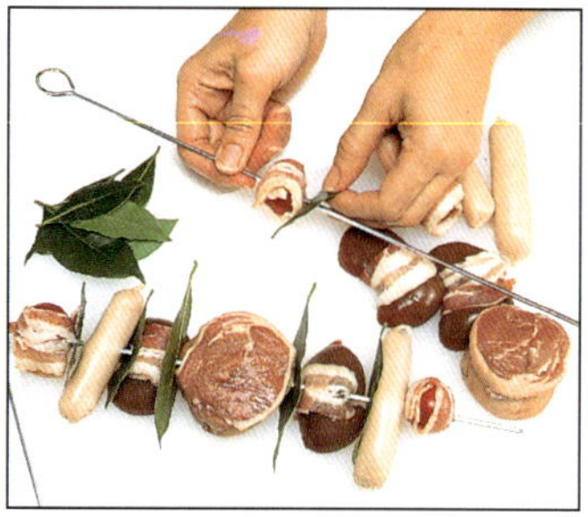

3 Die Butter in einem Topf zerlassen. Den Meerrettich einrühren. Das aufgespießte Fleisch dünn mit der Mischung bestreichen. Mit Salz und Pfeffer würzen.

4 Die Spieße bei mittlerer Hitze 12–15 Minuten grillen, bis alle Zutaten gar sind. Dabei gelegentlich drehen. Den Topf mit der Meerrettichbutter zum Warmhalten auf den Rand des Grillrosts stellen. Zum Servieren die Spieße mit der restlichen Meerrettichbutter beträufeln.

VARIATION

Sie können die Lammnieren auch durch in Stücke geschnittenes Schweinefilet ersetzen. Dazu passen Pilze und junge Zwiebeln.

Grillwürste mit Pflaumen und Speck

ZUTATEN

8 große Schweinsbratwürste
2 EL Dijon-Senf
24 getrocknete Pflaumen
8 Scheiben geräucherter Frühstücksspeck ohne Schwarte

FÜR 4 PERSONEN

1 Mit einem scharfen Messer die Würstchen auf einer Seite der Länge nach zu etwa drei Viertel einschneiden, so dass sie sich zu einer langen, schmalen Tasche aufklappen lassen.

2 Die Taschen innen mit Senf bestreichen und in die Mitte jeder Tasche jeweils drei getrocknete Pflaumen geben; dabei die Früchte tief in die Würstchen drücken.

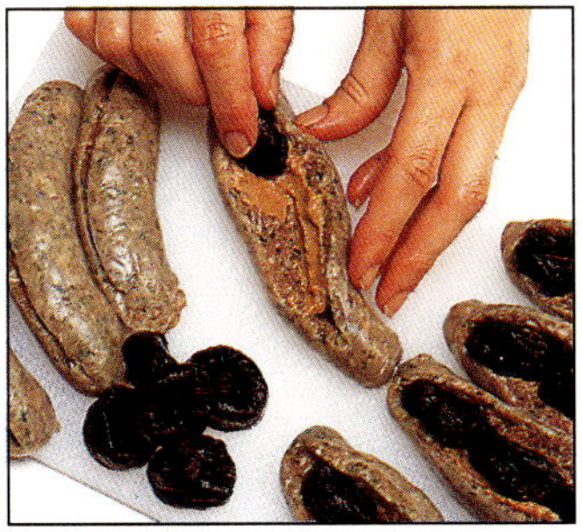

3 Die Speckscheiben über einen Messerrücken etwas in die Länge ziehen. Jeweils eine Scheibe um eine gefüllte Bratwurst wickeln. Bei Bedarf mit Holzspießchen fixieren (die Spieße vorher in Wasser einweichen, damit sie nicht verbrennen).

4 Die eingewickelten Würste bei starker Hitze unter gelegentlichem Wenden 15–18 Minuten grillen, bis alle gleichmäßig gebräunt und gar sind.

KÜCHENTIPP

Kombinieren Sie die Schweinsbratwürste auch mal mit Äpfeln anstelle der Pflaumen.

Schweinefleisch-Ananas-Satay

ZUTATEN

500 g Schweinefilet
1 kleine Zwiebel, gehackt
1 Knoblauchzehe, gehackt
4 EL Sojasauce
Abgeriebene Schale einer ½ unbehandelten Zitrone
1 TL gemahlener Kreuzkümmel
1 TL gemahlener Koriander
1 TL gemahlene Kurkuma
1 TL dunkler Muscovado-Zucker
225 g Ananasstücke aus der Dose, abgetropft

SATAY-SAUCE
175 ml Kokosmilch
120 g körnige Erdnusscreme
1 Knoblauchzehe, zerdrückt
2 TL Sojasauce
1 TL dunkler Muscovado-Zucker

FÜR 4 PERSONEN

1 Vier lange oder acht kurze Bambusspieße 30 Minuten in Wasser einweichen. Das Filet von überschüssigem Fett befreien und in Würfel von 2–3 cm Seitenlänge schneiden. In eine große Schüssel geben.

2 Zwiebel, Knoblauch, Sojasauce, Zitronenschale, Gewürze und Zucker in eine Küchenmaschine geben. Zwei Ananasstücke hinzufügen und die Mischung zu einer fast geschmeidigen Paste pürieren. Zum Fleisch geben und alles gut vermischen.

3 Für die Sauce die Kokosmilch in einen kleinen Topf gießen. Erdnusscreme einrühren und Knoblauch, Sojasauce und Zucker zufügen. Bei schwacher Hitze heiß werden lassen und dabei zu einer glatten Sauce rühren. Im geschlossenen Topf am Rand des Grillrosts warm halten.

4 Fleisch- und Ananasstücke abwechselnd auf die abgetropften Spieße stecken. Bei mittlerer Hitze unter gelegentlichem Drehen 10–12 Minuten grillen, bis das Fleisch gar ist. Sofort servieren. Die Satay-Sauce dazu reichen.

Geflügel

Hühner-Zitrus-Spieße

ZUTATEN

4 Hühnerbrüste, entbeint und enthäutet
Einige frische Minzezweige und jeweils
4 ineinander gedrehte Limetten- und Zitronenscheiben zum Garnieren
MARINADE
Fein abgeriebene Schale und Saft einer ½ unbehandelten Orange
Fein abgeriebene Schale und Saft einer ½ kleinen, unbehandelten Zitrone oder Limette
2 EL Olivenöl
2 EL flüssiger Honig
2 EL gehackte frische Minze
¼ TL gemahlener Kreuzkümmel
Salz und frisch gemahlener schwarzer Pfeffer

FÜR 4 PERSONEN

1 Die Hühnerbrüste in Würfel von 2–3 cm Seitenlänge schneiden. Für die Marinade Schale und Saft der Zitrusfrüchte vermichen. Öl, Honig, Minze und Kreuzkümmel unterrühren. Das Fleisch hinzufügen, mehrmals wenden. Mindestens 2 Stunden ziehen lassen.

2 Das Fleisch aus der Marinade nehmen und auf Metallspieße stecken. Bei mittlerer Hitze 15 Minuten grillen, dabei wenden und mit Marinade bestreichen.

3 Die Spieße mit Minzezweigen und ineinander gedrehten Zitronen- und Limettenscheiben garnieren. Nach Belieben mit Salat servieren.

KÜCHENTIPP

Das zarte Fleisch von Hühnerbrüsten wird bei zu starker Grillhitze trocken. Legen Sie Hühnerbrüste daher an den Rand des Grillrosts.

Südstaaten-Salat

ZUTATEN

4 Maiskolben, mit unverletzten Hüllblättern
8 Hühnerbrusthälften, entbeint und enthäutet
1 EL Maiskeimöl
220 g durchwachsener Speck ohne Schwarte, in Scheiben geschnitten
40 g Butter, von Raumtemperatur
4 reife Bananen
4 feste Tomaten, halbiert
1 Kopf Eskariol oder grüner Salat, in einzelne Blätter zerteilt
1 Bund Brunnenkresse, Stiele entfernt
Frisch gemahlener schwarzer Pfeffer

DRESSING

75 ml Erdnussöl
1 EL Weißweinessig
2 TL Ahornsirup
2 TL mittelscharfer Senf
1 EL Wasser

FÜR 4 PERSONEN

1 Alle Zutaten für das Dressing in einer Schüssel verrühren und beiseite stellen. Die Hüllblätter der Maiskolben zurückziehen. Die Narbenfäden entfernen und die Blätter wieder um die Maiskörner falten. Die Maiskolben in einem großen Topf mit leicht gesalzenem, kochendem Wasser etwa 15 Minuten vorgaren, bis die Körner zart sind.

2 Inzwischen die Hühnerbrüste mit Öl bestreichen und mit wenig schwarzem Pfeffer würzen. Bei schwacher bis mittlerer Hitze 15 Minuten grillen, bis das Fleisch gar ist. Dabei einmal wenden. Den Speck in 8–10 Minuten knusprig grillen.

3 Die Maiskolben abtropfen lassen. Mit Butter bestreichen und zusammen mit den Tomaten und den ganzen, geschälten Bananen hellbraun grillen.

4 Das Dressing nochmals durchrühren. Die Salatblätter hineingeben und vorsichtig darin wenden. Auf vier große Teller verteilen. Die heißen Hühnerbrüste aufschneiden und zusammen mit Speck, Bananen, Tomaten und gegrillten Maiskolben auf den Salatblättern anrichten. Mit Brunnenkresse garnieren.

Scharf geröstetes Cajun-Huhn mit Mais

ZUTATEN

8 Hühnerteile
2 Maiskolben
2 TL Knoblauchsalz
2 TL frisch gemahlener schwarzer Pfeffer
1 ½ TL gemahlener Kreuzkümmel
1 ½ TL Paprikapulver edelsüß
1 TL Cayennepfeffer
40 g Butter, zerlassen
Gehackte frische Petersilie zum Garnieren

FÜR 4 PERSONEN

1 Die Hühnerteile vom Fett befreien, ohne die Haut abzuziehen. An den dicksten Stellen mehrmals tief einschneiden.

2 Die Hüllblätter und die Narbenfäden der Maiskolben entfernen. Die Maiskolben in dicke Scheiben schneiden.

3 Die Gewürze in einer Schüssel vermischen. Fleisch und Mais mit zerlassener Butter bestreichen und von allen Seiten gleichmäßig würzen.

4 Die Hühnerteile bei mittlerer Hitze unter Wenden 10 Minuten grillen. Den Mais dazulegen und weitere 15 Minuten grillen, bis das Huhn schwarz zu werden beginnt und die Maisstücke leicht geschwärzt sind. Mit Petersilie garnieren und servieren.

KÜCHENTIPP

Hühnerflügel garen schneller als andere Teile vom Huhn. Geben Sie die Flügel daher erst mit dem Mais auf den Rost.

Putenrouladen mit Gazpacho-Sauce

ZUTATEN

4 Putenbruststeaks
1 EL Harissa
4 Chorizo-Würste
Salz und frisch gemahlener schwarzer Pfeffer
GAZPACHO-SAUCE
1 grüne und 1 rote Paprikaschote, gehackt
1 Stück Salatgurke, 7-8 cm lang, grob gehackt
1 Tomate, von Stielansatz entfernt und grob gewürfelt
1 Knoblauchzehe, grob gehackt
1 EL Rotweinessig
3 EL Olivenöl

FÜR 4 PERSONEN

1 Für die Sauce Paprikaschoten mit Gurke, Tomate und Knoblauch in eine Küchenmaschine geben. Den Essig und 2 EL Öl zufügen. Alles zu einer beinahe geschmeidigen Masse zerkleinern. In eine Schüssel geben, mit Salz und Pfeffer abschmecken, beiseite stellen.

2 Sind die Putenbrüste zu dick, zwischen zwei Lagen Frischhaltefolie legen und mit einem Nudelholz fest darüber rollen.

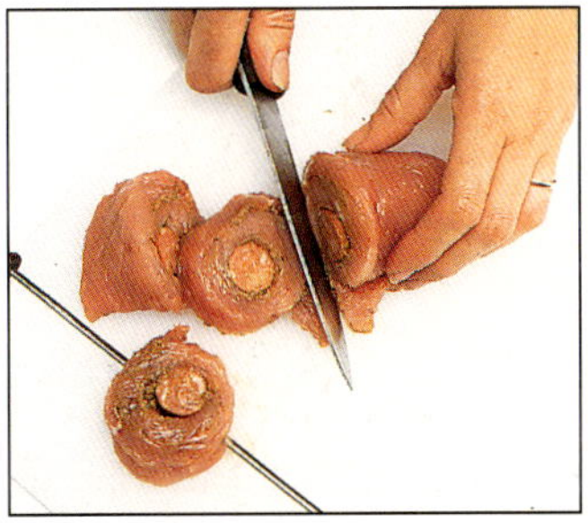

3 Die Steaks dünn mit Harissa bestreichen, jeweils eine Wurst darauf legen und das Fleisch fest aufrollen. Die Rouladen in dicke Scheiben schneiden und die einzelnen Scheiben auf vier lange Metallspieße stecken – dabei das Fleisch seitlich aufspießen, damit es besser gart.

4 Die Spieße 10–12 Minuten bei mittlerer Hitze grillen. Dabei einmal wenden. Sofort servieren und die Gazpacho-Sauce dazu reichen.

Süß-saure Spieße

ZUTATEN

4 Hühnerbrusthälften, entbeint und enthäutet
8 junge Zwiebeln
4 Scheiben durchwachsener Speck ohne Schwarte
2 große, feste Bananen
1 rote Paprikaschote, Samen und Scheidewände entfernt, in Würfel von 2–3 cm Seitenlänge geschnitten

MARINADE

2 EL Demarara-Zucker
1 EL Worcester-Sauce
2 EL frisch gepresster Zitronensaft
Salz und frisch gemahlener schwarzer Pfeffer

BUNTER REIS

2 EL Olivenöl
450 g gegarter Reis (Trockengewicht etwa 225 g)
120 g gegarte Erbsen
1 kleine rote Paprikaschote, Samen und Scheidewände entfernt, gewürfelt

FÜR 4 PERSONEN

1 Alle Zutaten für die Marinade in einer Schüssel verrühren. Die Hühnerbrüste in jeweils vier Teile schneiden und in die Marinade geben. Mehrmals wenden und abgedeckt mindestens 4 Stunden oder über Nacht im Kühlschrank marinieren.

2 Wasser in einem kleinen Topf zum Kochen bringen. Die Zwiebeln hineingeben und etwa 5 Minuten blanchieren. Abtropfen lassen und beiseite stellen. Die Speckscheiben quer halbieren. Die Bananen schälen und quer in jeweils vier Stücke schneiden. Eine Speckhälfte um jedes Bananenstück wickeln.

3 Das Hühnerfleisch aus der Marinade nehmen und abwechselnd mit Zwiebeln, eingewickelten Bananenstücken und Paprikascheiben auf lange Metallspieße stecken. Mit der Marinade bestreichen.

4 Bei schwacher bis mittlerer Hitze 15 Minuten grillen. Dabei häufig drehen und mit der restlichen Marinade bestreichen. Dann die Spieße zum Warmhalten an den Rand des Grillrosts legen.

5 Öl in einer Pfanne erhitzen. Gegarten Reis, Erbsen und Paprikawürfel zufügen und heiß werden lassen.

Würzige Hühnerbrüste mit Kokosnuss-Sauce

ZUTATEN

300 ml Kokossahne aus der Dose, ungezuckert
3 Knoblauchzehen, gehackt
2 Lauchzwiebeln, gehackt
1 frische grüne Chilischote, gehackt
3 EL frisch geriebene Ingwerwurzel
1 TL Fenchelsamen
½ TL schwarze Pfefferkörner
Samen von 4 grünen Kardamomkapseln
2 EL gemahlener Koriander
1 TL gemahlener Kreuzkümmel
1 TL geriebene Muskatnuss
½ TL gemahlene Nelken
½ TL gemahlene Kurkuma
4 große Hühnerbrüste, entbeint und enthäutet
Zwiebelringe und einige Zweige Koriandergrün

FÜR 4 PERSONEN

1 Knoblauch mit Lauchzwiebeln, Chillies, Ingwer und den gesamten Gewürzen in eine Küchenmaschine geben und grob zerkleinern. Die Kokossahne zufügen und alles zu einer glatten Paste pürieren.

2 Die Hühnerbrüste mehrmals einschneiden. Nebeneinander in einen tiefen Teller legen. Die Hälfte der Kokosmischung darüber verteilen und das Fleisch mehrmals wenden. Zugedeckt 30 Minuten bei Raumtemperatur marinieren oder über Nacht kalt stellen.

3 Die restliche Kokosmischung in einem Topf bei schwacher Hitze unter Rühren heiß werden lassen. Am Rand des Grillrosts warm halten. Die Hühnerbrüste abtropfen lassen und bei mittlerer Hitze 12–15 Minuten grillen, bis das Fleisch durchgegart ist. Dabei einmal wenden. Mit Zwiebelringen und Korianderzweigen garnieren. Die Sauce dazu reichen.

Huhn mit Ricotta-Kräuter-Füllung

ZUTATEN

4 EL Ricotta
1 Knoblauchzehe, zerdrückt
3 EL gemischte, gehackte frische Kräuter (Schnittlauch, glatte Petersilie und Minze)
2 EL frische Semmelbrösel
8 Hühnerkeulen
8 Scheiben geräucherter durchwachsener Speck
1 TL grobkörniger Senf
1 EL Sonnenblumenöl
Salz und frisch gemahlener schwarzer Pfeffer
Grüner Salat zum Servieren (nach Belieben)

FÜR 4 PERSONEN

1 Für die Füllung die Ricotta mit Knoblauch, Kräutern und Semmelbröseln in eine Schüssel geben. Mit Salz und schwarzem Pfeffer kräftig abschmecken.

2 Vorsichtig die Haut an jeder Keule lösen und etwas Ricottafüllung zwischen Fleisch und Haut schieben; die Haut wieder darüber ziehen und gut andrücken.

3 Jeweils eine Scheibe Speck um das dicke Ende jeder Keule wickeln, damit die Füllung nicht herausfällt.

4 Senf und Öl in einer Schüssel verrühren und die Keulen damit bestreichen. Bei mittlerer Hitze unter gelegentlichem Wenden 20–25 Minuten grillen, bis das Fleisch gar ist. Blattsalat dazu reichen.

Fisch & Meeresfrüchte

Thunfisch mit scharfem Paprikapüree

ZUTATEN

4 Thunfischsteaks (jeweils etwa 180 g)
Abgeriebene Schale und Saft einer unbehandelten Limette
2 EL Olivenöl
Salz und frisch gemahlener schwarzer Pfeffer
Limettenspalten zum Garnieren
PAPRIKAPÜREE
2 rote Paprikaschoten, Samen und Scheidewände entfernt, halbiert
1 kleine Zwiebel
2 Knoblauchzehen, zerdrückt
2 frische rote Chilischoten, in Scheiben geschnitten
1 Scheibe Weißbrot, Kruste entfernt, gewürfelt
3 EL Olivenöl, zusätzlich Olivenöl zum Bestreichen

FÜR 4 PERSONEN

1 Den Thunfisch enthäuten. Die Steaks nebeneinander in einen tiefen Teller legen. Mit Limettenschale und -saft, Olivenöl sowie Salz und Pfeffer würzen. Zugedeckt kalt stellen.

2 Für das Paprikapüree die Paprikaschoten mit Öl bestreichen und mit der Hautseite nach unten auf einem heißen Grill rösten, bis die Haut Blasen wirft und schwarz wird. Die ungeschälte Zwiebel unter gelegentlichem Wenden auf dem Grill rösten, bis die Schale schwarz wird und das Fleisch weich ist.

3 Paprikaschoten und Zwiebel in eine Schüssel geben. Mit Küchenpapier abdecken und 10 Minuten abkühlen lassen. Die Haut abziehen. Zwiebel und Paprikaschoten zusammen mit Knoblauch, Chillies, Brot und Öl in einer Küchenmaschine pürieren (entkernte Chillies sorgen für ein milderes Aroma). Das Püree in eine Schale geben, mit Salz abschmecken.

4 Die Thunfischsteaks aus der Marinade nehmen und bei starker Hitze 8–10 Minuten grillen. Mit dem Paprikapüree und Limettenspalten servieren.

Lachs auf mexikanische Art

ZUTATEN

1 kleine rote Zwiebel
1 Knoblauchzehe
6 Eiertomaten
25 g Butter
3 EL Tomatenketchup
2 EL Dijon-Senf
2 EL dunkelbrauner Zucker (Rohrzucker)
1 EL flüssiger Honig
1 TL Cayennepfeffer
1 EL Chilipulver
1 EL Paprikapulver edelsüß
1 EL Worcester-Sauce
4 Lachsfilets (jeweils etwa 180 g)
Koriandergrün zum Garnieren

FÜR 4 PERSONEN

1 Rote Zwiebel und Knoblauch fein hacken und in einer Schüssel vermischen. Die Tomaten würfeln und getrennt von der Zwiebelmischung beiseite stellen.

2 Die Butter in einem Topf zerlassen. Zwiebel und Knoblauch hinzufügen und 8–10 Minuten dünsten. Die Tomaten dazugeben, 15 Minuten köcheln lassen.

3 Ketchup, Senf, Zucker, Honig, Gewürze und Worcester-Sauce zufügen und alles gut verrühren. Aufkochen lassen und bei schwacher Hitze 20 Minuten köcheln lassen. Die Mischung in einer Küchenmaschine pürieren. In einer Schüssel abkühlen lassen.

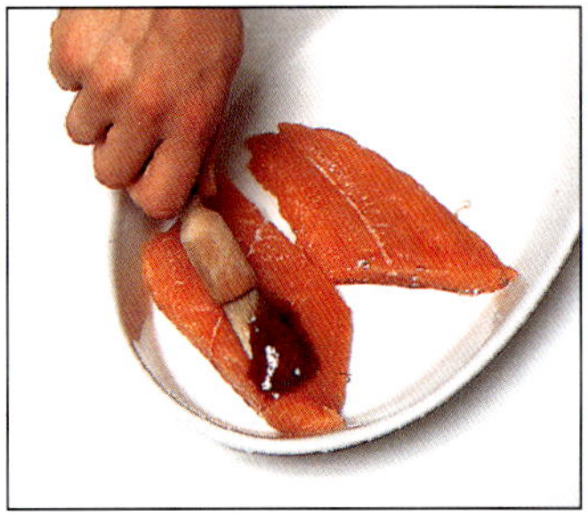

4 Die Lachsfilets auf eine Platte legen und mit der Sauce bestreichen. Abgedeckt für mindestens 2 Stunden kalt stellen. Bei mittlerer Hitze von jeder Seite 2–3 Minuten grillen. Mit etwas Koriandergrün garnieren und die restliche Sauce dazu reichen.

KÜCHENTIPP

Probieren Sie die Sauce aus diesem Rezept doch einmal zu Grillwürstchen oder Hamburgern. Sie eignet sich auch gut als Alternative zu dem Pesto für die Riesengarnelen auf der folgenden Seite.

Riesengarnelen mit Walnuss-Pesto

ZUTATEN

12-16 Riesengarnelen in der Schale
WALNUSS-PESTO
50 g Walnüsse, ohne Schale
4 EL gehackte, frische glatte Petersilie
4 EL gehacktes frisches Basilikum
2 Knoblauchzehen, gehackt
3 EL geriebener Parmesan
2 EL natives Olivenöl extra
2 EL Walnussöl
Salz und frisch gemahlener schwarzer Pfeffer

FÜR 4 PERSONEN

1 Die Garnelen schälen. Den Kopf abziehen, die Därme entfernen, aber das Schwanzende belassen. In eine große Schüssel geben, zudecken und beiseite stellen.

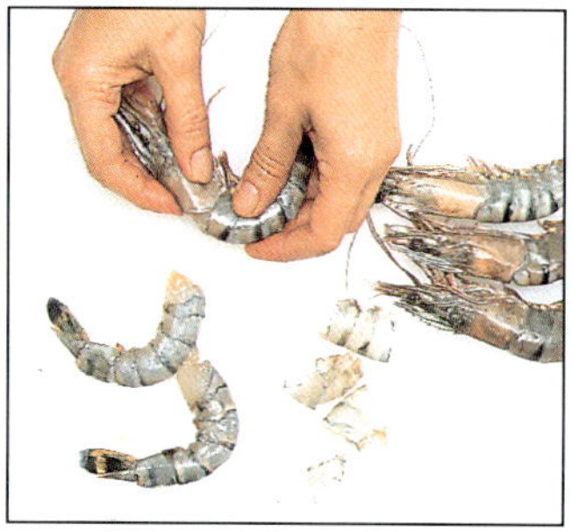

2 Für den Pesto die Walnüsse mit Petersilie, Basilikum, Knoblauch und Parmesan in einer Küchenmaschine mit Oliven- und Walnussöl zu einer Paste pürieren. Mit Salz und Pfeffer abschmecken.

3 Die Hälfte des Pesto an die Garnelen geben, diese darin wenden. Zugedeckt etwa 1 Stunde bei Raumtemperatur marinieren oder über Nacht kalt stellen.

4 Acht kurze Bambusspieße 30 Minuten in kaltem Wasser einweichen. Abtropfen lassen und die Garnelen aufspießen. Bei mittlerer Hitze 4–6 Minuten grillen. Mit dem restlichen Pesto servieren.

Gefüllte Calamari vom Grill

ZUTATEN

500 g junge Tintenfische
1 Knoblauchzehe, zerdrückt
3 Eiertomaten, enthäutet und gehackt
8 in Öl eingelegte sonnengetrocknete Tomaten, abgetropft und gehackt
4 EL gehacktes frisches Basilikum, zusätzlich Basilikum zum Garnieren
40 g frische Semmelbrösel
1 EL Rotweinessig
3 EL Olivenöl
Salz und frisch gemahlener schwarzer Pfeffer
Frisch gepresster Zitronensaft zum Beträufeln

FÜR 4 PERSONEN

1 Die Tintenfische einzeln mit einer Hand fassen. Mit der anderen Kopf und Fangarme vorsichtig abziehen. Den Kopf wegwerfen. Die Fangarme hacken. Den transparenten Tintenbeutel aus dem Körper entfernen, den Körper dabei ganz belassen. Die äußere braune Haut abschälen. Die Tintenfische innen mit Salz einreiben. Unter kaltem Wasser waschen.

2 Die gehackten Tintenfischarme mit Knoblauch, Tomaten, Basilikum und Semmelbröseln vermischen. Essig und 2 EL Öl unterrühren. Kräftig mit Salz und Pfeffer würzen und alles gut verrühren. Einige Zahnstocher 10 Minuten in kaltem Wasser einweichen.

3 Die Tintenfische mit der Mischung füllen; die Enden mit den abgetropften Zahnstochern zustecken. Mit dem restlichen Öl bestreichen und bei mittlerer Hitze unter Wenden 4–5 Minuten grillen. Mit Zitronensaft beträufeln. Mit Basilikumblättern garnieren.

Sardinen mit Kräuter-Salsa

ZUTATEN

12-16 frische Sardinen, ausgenommen
Öl zum Bestreichen
Saft einer Zitrone
KRÄUTER-SALSA
1 EL Butter
4 Lauchzwiebeln, gehackt
1 Knoblauchzehe, zerdrückt
2 EL fein gehackte frische Petersilie
2 EL fein geschnittener frischer Schnittlauch
2 EL fein gehacktes frisches Basilikum
2 EL grüne Olivenpaste
2 TL Balsamessig
Abgeriebene Schale einer unbehandelten Zitrone
Salz und frisch gemahlener schwarzer Pfeffer

FÜR 4 PERSONEN

1 Die Sardinen waschen und sorgfältig mit Küchenpapier trockentupfen. Auf einem Grillrost oder auf einer Hälfte eines aufklappbaren Grillkorbs verteilen.

2 Für die Kräuter-Salsa die Butter in einem Topf zerlassen. Lauchzwiebeln und Knoblauch zufügen und bei schwacher Hitze unter Schwenken 2 Minuten dünsten, bis beides weich, aber nicht gebräunt ist.

3 Kräuter, Olivenpaste, Essig und Zitronenschale untermischen. Abschmecken und gut verrühren. Im geschlossenen Topf am Rand des Grillrosts warm halten.

4 Die Sardinen dünn mit Öl bestreichen. Mit Zitronensaft beträufeln und mit Salz und Pfeffer würzen. Bei mittlerer Hitze von jeder Seite 2 Minuten grillen. Mit der warmen Salsa servieren. Dazu knuspriges Brot zum Aufsaugen der Sauce reichen.

Pikanter Thai-Fisch

ZUTATEN

4 Red Snapper oder Meeräschen (jeweils etwa 350 g), ausgenommen und geschuppt
Bananenblätter oder feste Alufolie zum Einwickeln
2 unbehandelte Limetten
2 Knoblauchzehen, in dünne Scheiben geschnitten
2 Lauchzwiebeln, in dünne Scheiben geschnitten
2 EL thailändische rote Currypaste
60 ml Kokosmilch

FÜR 4 PERSONEN

1 Die ganzen Fische seitlich mehrmals tief einschneiden. Jeden Fisch auf eine so große Lage aus Bananenblättern oder ein entsprechendes Stück Alufolie legen, dass er sich einwickeln lässt. Eine Limette in feine Scheiben schneiden. Die Limettenscheiben zusammen mit dem Knoblauch in die Einschnitte der Fische stecken. Die Lauchzwiebeln darüber streuen.

2 Die Schale der anderen Limette abreiben und den Saft ausdrücken. Beides in einer Schüssel vermischen. Currypaste sowie Kokosmilch sorgfältig unterrühren. Die Sauce mit einem Löffel auf den Fischen verteilen.

3 Die Fische so in die Blätter einwickeln, dass sie völlig umschlossen sind. Fest mit Garn zubinden und bei mittlerer Hitze unter gelegentlichem Wenden 15–20 Minuten grillen. Ein Fischpäckchen öffnen, um zu prüfen, ob das Fleisch gut durchgegart ist. Die Fische in den Blättern oder der Folie servieren und bei Tisch von den Gästen öffnen lassen.

Jakobsmuscheln mit Fenchel

ZUTATEN

1 Fenchelknolle
2 unbehandelte Limetten
12 ausgelöste große Jakobsmuscheln
1 Eigelb
75 g Butter, zerlassen
Öl zum Bestreichen
Salz und frisch gemahlener schwarzer Pfeffer

FÜR 4 PERSONEN

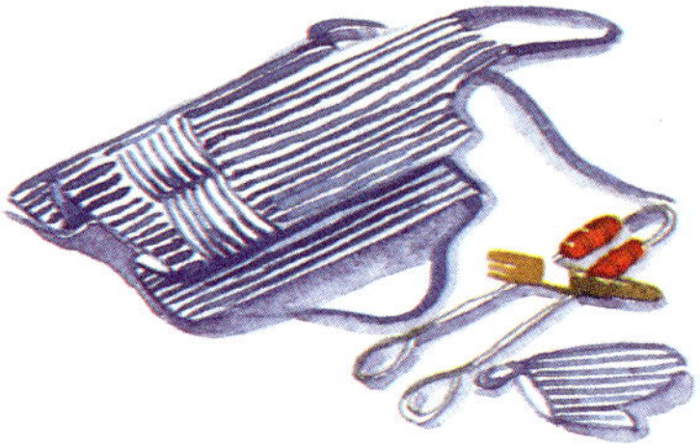

1 Von der Fenchelknolle das buschige Grün abschneiden und beiseite legen. Die Knollen längs in dicke Spalten teilen. Eine Limette in Spalten schneiden. Die Schale der anderen Limette abreiben und den Saft auspressen.

2 Die Muscheln in eine Schüssel geben und Limettensaft und -schale zur Hälfte darüber gießen. Alles gut vermengen. Restliche Limettenschale mit dem restlichen Saft in eine andere Schüssel geben. Das Eigelb hinzufügen und zu einer glatten, hellen Sauce verquirlen.

3 Die zerlassene Butter nach und nach unterschlagen, bis die Sauce geschmeidig ist. Das Fenchelgrün fein hacken und unterrühren. Mit Salz und Pfeffer würzen.

4 Die Fenchelspalten mit Öl bestreichen. Bei starker Hitze 3–4 Minuten grillen. Dabei einmal wenden. Die Muscheln – auf eine weniger heiße Stelle des Grillrosts – dazulegen und weitere 3–4 Minuten grillen. Dabei einmal wenden. Mit Limettenspalten garnieren. Die Sauce dazu reichen.

KÜCHENTIPP

Wenn nur kleine Jakobsmuscheln erhältlich sind, nehmen Sie 16-20 Stück und stecken Sie die Muscheln auf flache Spieße.

Gemüse &
Vegetarische Gerichte

Kartoffelspieße mit Senf-Dip

ZUTATEN

4 Knoblauchzehen, zerdrückt
2 Eigelb
2 EL frisch gepresster Zitronensaft
300 ml natives Olivenöl extra
2 TL grobkörniger Senf
Salz und frisch gemahlener schwarzer Pfeffer

KARTOFFELSPIESSE

1 kg kleine neue Kartoffeln
200 g Schalotten, halbiert
2 EL Olivenöl
1 EL Meersalz

FÜR 4 PERSONEN

1 Für den Dip Knoblauch mit Eigelb und Zitronensaft in einen Mixer oder eine Küchenmaschine geben und kurz zu einer glatten Masse pürieren. Bei laufendem Gerät das Olivenöl durch die Einfüllöffnung in einem dünnen Strahl langsam zugießen, bis eine dickliche, glänzende Creme entsteht. Den Senf hinzufügen und mit Salz und Pfeffer abschmecken.

2 Wasser in einem großen Topf leicht salzen und zum Kochen bringen. Die Kartoffeln dazugeben und 5 Minuten vorgaren. Gut abtropfen lassen und abwechselnd mit den Schalotten auf vier Metallspieße stecken.

3 Kartoffeln und Schalotten mit Öl bestreichen und mit etwas Meersalz würzen. Bei starker Hitze unter gelegentlichem Drehen 10–12 Minuten grillen, bis die Kartoffeln und Schalotten weich sind. Sofort servieren. Den Senf-Dip dazu reichen.

Würzige Bohnen-Burger

Zutaten

1 EL Olivenöl
1 kleine Zwiebel, fein gehackt
1 Knoblauchzehe, zerdrückt
1 TL gemahlener Kreuzkümmel
1 TL gemahlener Koriander
½ TL gemahlene Kurkuma
120 g Champignons, fein gehackt
400 g rote Kidney-Bohnen aus der Dose
2 EL gehacktes Koriandergrün
Etwas Vollkornmehl (bei Bedarf)
Olivenöl zum Bestreichen
Salz und frisch gemahlener schwarzer Pfeffer
Warmes Fladenbrot, Salatblätter und Kirschtomaten zum Servieren

Für 4 Personen

1 Das Öl in einer großen Pfanne erhitzen. Zwiebel und Knoblauch dazugeben und bei mittlerer Hitze in etwa 5 Minuten weich dünsten. Die Gewürze hinzufügen und unter Rühren 1 Minute weitergaren.

2 Die Pilze hinzufügen. Auf starke Hitze schalten und unter Rühren etwa 7 Minuten garen, bis die Pilze weich sind und die Flüssigkeit verdampft ist.

3 Die Bohnen abtropfen lassen. In eine Schüssel geben und mit einer Gabel zerdrücken. Zusammen mit dem Koriandergrün an die Pilzmischung geben und alles gut verrühren. Mit Salz und Pfeffer würzen.

4 Mit bemehlten Händen vier flache Frikadellen aus der Masse formen. Sollte der Teig kleben, etwas Vollkornmehl einarbeiten. Die Frikadellen dünn mit Öl bestreichen und bei starker Hitze in 8–10 Minuten goldbraun grillen. Dabei einmal vorsichtig wenden (die Bohnen-Burger sind nicht so kompakt wie Hackfleischfrikadellen!). Mit warmem Fladenbrot, Salatblättern und Kirschtomaten servieren. Nach Belieben kann außerdem griechischer Joghurt gereicht werden.

Gegrillte Auberginen-Feta-Röllchen

ZUTATEN

2 große Auberginen
Olivenöl
10-12 in Öl eingelegte sonnengetrocknete Tomaten, abgetropft
Eine Hand voll frische große Basilikumblätter
150 g Feta
Salz und frisch gemahlener schwarzer Pfeffer
Frische Basilikumzweige zum Garnieren

FÜR 4 PERSONEN

1 Die Auberginen längs in ½ cm dicke Scheiben schneiden. Mit Salz bestreuen und in ein Sieb schichten. Zum Entwässern 30 Minuten stehen lassen.

2 Die Auberginenscheiben unter kaltem Wasser waschen, abtropfen lassen und mit Küchenpapier trockentupfen. Von beiden Seiten mit Öl bestreichen. Bei starker Hitze 2–3 Minuten grillen, bis die Scheiben weich und goldbraun sind. Dabei einmal wenden.

3 Die Auberginenscheiben an einem Ende mit sonnengetrockneten Tomaten belegen. Jeweils ein frisches Basilikumblatt darüber geben. Den Feta in Streifen geschnitten darauf legen. Mit Salz und Pfeffer würzen.

4 Die Scheiben mit der Füllung aufrollen. Die Rollen 2–3 Minuten auf den Grill legen, bis sie heiß sind. Mit frischen Basilikumzweigen garnieren. Dazu in Scheiben geschnittene Ciabatta oder Vollkornbrot reichen.

VARIATION

Wenn Sie möchten, können Sie den Feta durch Tofu ersetzen. Er schmeckt würziger, wenn Sie ihn vor dem Aufrollen mit etwas Sojasauce beträufeln.

Brie-Mandel-Dolmades

ZUTATEN

4 große Weinblätter in Salzlake, abgetropft
200 g Brie
2 EL klein geschnittener frischer Schnittlauch
25 g Mandeln, gemahlen
1 TL zerstoßene schwarze Pfefferkörner
1 EL Olivenöl, zusätzlich Olivenöl zum Bestreichen
20 g Mandelblättchen

FÜR 2–4 PERSONEN

1 Die Weinblätter unter kaltem Wasser waschen. Abtropfen lassen und zum Trocknen auf Küchenpapier legen. Danach auf einem Brett ausbreiten. Den Brie vierteln und jeweils ein Stück auf ein Weinblatt geben.

2 Schnittlauch, gemahlene Mandeln, Pfefferkörner und Öl in einer Schüssel verrühren. Hiervon einen Esslöffel voll auf jedes Stück Brie geben. Die Mandelblättchen darüber streuen.

3 Das Stielende jedes Blattes über die Füllung klappen, dann die Seiten und die Blattspitze darüber falten, so dass die Füllung gut umschlossen ist. Die Päckchen mit Öl bestreichen und bei starker Hitze 3–4 Minuten grillen, bis der Käse zerläuft. Sofort servieren. Dazu knuspriges Brot reichen.

Mediterranes Gemüse

ZUTATEN

2 Auberginen
2 große Zucchini
1 rote Paprikaschote
1 gelbe Paprikaschote
1 Fenchelknolle
1 rote Zwiebel
Olivenöl zum Bestreichen
Salz und frisch gemahlener schwarzer Pfeffer
SAUCE
150 ml griechischer Joghurt
3 EL Pestó

FÜR 4 PERSONEN

KÜCHENTIPP

Junges Gemüse eignet sich hervorragend zum Grillen. Junge Auberginen müssen Sie lediglich längs halbieren; vorheriges Salzen und Entwässern ist nicht nötig.

1 Die Auberginen quer in 1 cm dicke Scheiben schneiden. Salzen und in ein Sieb schichten. Zum Entwässern 30 Minuten abhängen lassen. Unter fließendem kaltem Wasser waschen und abtropfen lassen.

2 Die Zucchini halbieren. Die Paprika halbieren, dabei die Stiele belassen. Samen und Scheidewände entfernen. Fenchel und Zwiebel in dicke Spalten schneiden.

3 Den Pesto mit Hilfe einer Gabel spiralförmig durch den Joghurt ziehen, um einen marmorierten Effekt zu erzielen. Die Sauce in eine Servierschüssel geben.

4 Das Gemüse auf dem heißen Grill verteilen. Mit Öl bestreichen und mit Salz und Pfeffer würzen. Unter gelegentlichem Wenden grillen, bis das Gemüse leicht gebräunt ist (Auberginen und Paprikaschoten benötigen 6–8 Minuten, Zwiebel und Fenchel 4–5 Minuten). Mit der marmorierten Pesto-Sauce servieren.

Kräuterpolenta mit Tomaten

ZUTATEN

Olivenöl für die Form
750 ml Gemüsebrühe oder Wasser
1 TL Salz, nach Bedarf
175 g Polenta
25 g Butter
5 EL gemischte, gehackte frische Kräuter (Petersilie, Schnittlauch und Basilikum), zusätzlich Kräuter zum Garnieren
4 große Eier- oder Fleischtomaten, halbiert
Salz und frisch gemahlener schwarzer Pfeffer

FÜR 4 PERSONEN

1 Die Polenta einige Stunden vor dem Grillen zubereiten: Eine flache Auflaufform dünn mit Öl einfetten und beiseite stellen. Gemüsebrühe oder Wasser in einen großen Topf gießen, nach Bedarf salzen und zum Kochen bringen. Auf schwache Hitze schalten und die Polenta unter Rühren einrieseln lassen.

2 Bei mittlerer Hitze etwa 30 Minuten weiterrühren, bis die Polenta fest wird und sich vom Topfrand zu lösen beginnt. Vom Herd nehmen. Butter und Kräuter unterrühren und mit schwarzem Pfeffer abschmecken.

3 Die Polenta in die gefettete Form füllen und gleichmäßig verstreichen. Stehen lassen, bis die Masse abgekühlt und fest geworden ist. Aus der Form stürzen und mit einem Glas oder einer großen Ausstechform Kreise ausstechen.

4 Die Tomatenhälften mit Olivenöl bestreichen und mit Salz und schwarzem Pfeffer würzen. Tomaten und Polentascheiben bei mittlerer Hitze 5 Minuten grillen. Dabei einmal wenden. Mit frischen Kräutern garnieren und sofort servieren.

Gebackener Kürbis mit Parmesan

ZUTATEN

2 Eichel- oder Butternusskürbisse (jeweils etwa 450 g)
1 EL Olivenöl
50 g Butter, von Raumtemperatur
75 g Parmesan, frisch gerieben, zusätzlich Parmesan zum Servieren
4 EL geröstete Pinienkerne
½ TL geriebene Muskatnuss
Salz und frisch gemahlener schwarzer Pfeffer

FÜR 4 PERSONEN

1 Die Kürbisse halbieren. Die Kerne entfernen und dann das Fleisch unter fließendem kaltem Wasser waschen. Die Schnittflächen mit Öl bestreichen und mit Salz und Pfeffer bestreuen.

2 Jede Kürbishälfte in eine doppelte Lage aus fester Alufolie einwickeln und in die Kohlenglut des Grills legen. 25–30 Minuten garen, bis das Fleisch weich ist. Dabei gelegentlich wenden.

3 Die Kürbishälften vorsichtig aus der Glut nehmen und die Folie entfernen. Das Fruchtfleisch in eine Schüssel geben, dabei die Schalen ganz lassen. Das Fleisch würfeln. Weiche Butter, Parmesan und Pinienkerne untermischen und mit Salz und Pfeffer abschmecken.

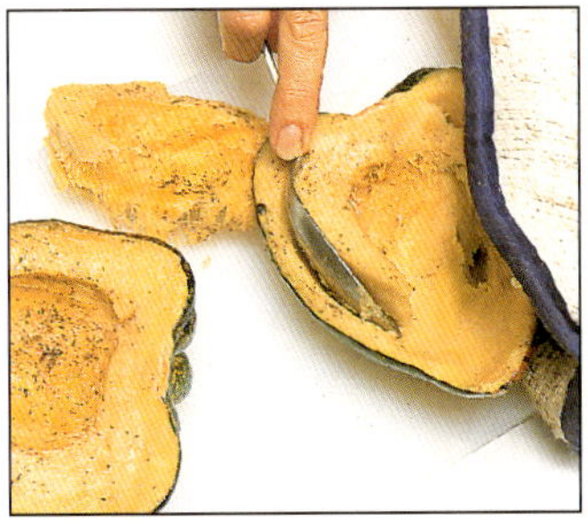

4 Die Kürbisschalen mit der Mischung füllen. Restlichen Parmesan und geriebene Muskatnuss darüber streuen und sofort servieren.

Süße Genüsse

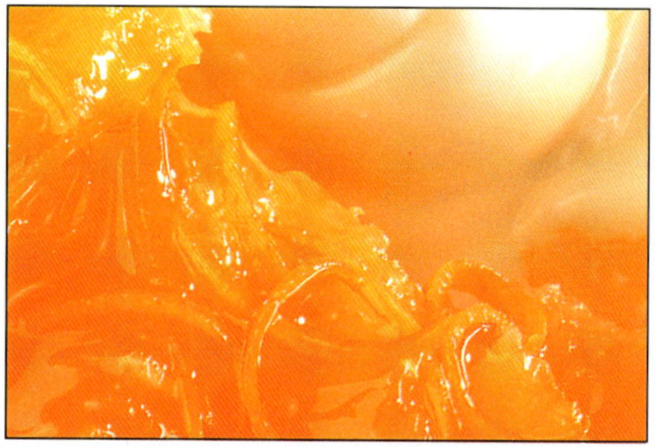

Ananasschiffchen mit Rumbutter-Glasur

ZUTATEN

1 Ananas
1½ EL dunkler Muscovado-Zucker
1 TL gemahlener Ingwer
50 g Butter, zerlassen
2 EL brauner Rum

FÜR 4 PERSONEN

1 Vier Bambusspieße 30 Minuten in kaltem Wasser einweichen. Die Ananas halbieren. Nochmals halbieren – in vier Viertel mit jeweils einem Teil des Strunkendes und der Blattkrone. Das harte Kernstück aus jedem Viertel herausschneiden und wegwerfen.

2 Zwischen dem Fruchtfleisch und der Schale entlangschneiden, das Fruchtfleisch aber in der Schale belassen. Anschließend das Fleisch quer in Stücke schneiden. Die Spieße abtropfen lassen. Jeweils einen Spieß längs durch ein Ananasviertel bis zum Stiel stecken, um die einzelnen Stücke zu fixieren.

3 Zucker, Ingwer, zerlassene Butter und Rum in einer Tasse oder Schüssel verrühren. Die Ananasstücke mit einem Teil der Mischung bestreichen. Bei starker Hitze 3–4 Minuten grillen. Auf einzelnen Tellern mit der restlichen Rummischung servieren.

KÜCHENTIPP

Es geht schneller, wenn Sie die Ananas schälen und das Fruchtfleisch in dicke Scheiben schneiden. Das Kernstück mit einem Apfelausstecher entfernen.

Gegrillte Äpfel auf Zimttoast

ZUTATEN

4 süßliche Tafeläpfel
Saft einer ½ Zitrone
2 EL extrafeiner hellbrauner Zucker
1 TL gemahlener Zimt
4 Brioches oder andere süße Hefeteilchen
50 g Butter, zerlassen
Crème fraîche oder griechischer Joghurt zum Servieren

FÜR 4 PERSONEN

1 Die Äpfel mit einem Apfelausstecher vom Kerngehäuse befreien, aber nicht schälen. Waagerecht in drei oder vier Ringe schneiden und in einen tiefen Teller geben. Mit Zitronensaft beträufeln. Zucker und Zimt in einer Schüssel vermischen und beiseite stellen.

2 Die Brioches in dicke Scheiben schneiden. Von beiden Seiten mit zerlassener Butter bestreichen. Zusammen mit den Apfelringen bei starker Hitze 3–4 Minuten grillen, bis die Äpfel gar und die Brioches geröstet sind.

3 Die Apfelringe und getoasteten Briochescheiben gleichmäßig mit der Hälfte des Zimtzuckers bestreuen und 1 Minute weitergrillen, bis beide eine goldbraune Oberfläche haben.

4 Zum Servieren die Briochescheiben mit den Apfelringen belegen. Den restlichen Zimtzucker darüber streuen und mit einem großen Klecks Crème fraîche oder griechischem Joghurt garnieren. Sofort servieren.

Gebackene Bananen mit Vanille-Butter

ZUTATEN

4 Bananen
Samen von 6 grünen Kardamomkapseln
1 Vanilleschote
Abgeriebene Schale einer kleinen, unbehandelten Orange
2 EL Weinbrand oder Orangensaft
4 EL heller Muscovado-Zucker
40 g Butter, zerlassen
Crème fraîche oder griechischer Joghurt zum Servieren

FÜR 4 PERSONEN

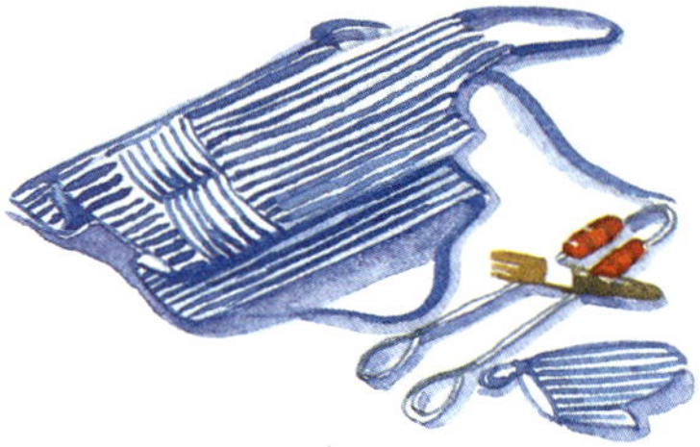

1 Die Bananen in der Schale bei starker Hitze unter gelegentlichem Wenden 6–8 Minuten auf dem Rost grillen, bis die Schalen rundum schwarz sind.

2 Inzwischen die Kardamomsamen in einem Mörser grob zerstoßen. Die Vanilleschote längs halbieren. Die winzigen Samen auskratzen, zu dem Kardamom in den Mörser geben und kurz zermahlen. Orangenschale, Weinbrand oder Orangensaft, Zucker und Butter zufügen und alles zu einer dicken Paste verrühren.

3 Die Bananenschalen längs aufschlitzen und ein Stück weit öffnen. Etwas Vanille-Butter hineingeben. Großzügig mit Crème fraîche oder griechischem Joghurt garnieren und sofort servieren.

VARIATION

Kinder lieben diesen Nachtisch mit Ahornsirup oder geschmolzener Schokolade anstelle der Vanille-Butter. Aber man kann ihn auch mit Likör servieren.

Nektarinen mit Marzipan und Mascarpone

ZUTATEN

4 feste, reife Nektarinen oder Pfirsiche
75 g Marzipanrohmasse
75 g Mascarpone
3 Makronen, zerkrümelt

FÜR 4 PERSONEN

1 Die Nektarinen oder Pfirsiche halbieren und entsteinen. Das Marzipan in acht Stücke schneiden. Mit den Händen jeweils ein Stück Marzipan in die Höhlung jeder Fruchthälfte drücken.

2 Den Mascarpone über die Marzipanfüllung geben. Anschließend die Makronenbrösel darüber streuen.

3 Die gefüllten Nektarinen- oder Pfirsichhälften bei starker Hitze 3–5 Minuten grillen, bis sie heiß sind und der Mascarpone zerläuft. Sofort servieren.

VARIATION

Marzipan ist eine ideale Füllung für gegrillte Früchte, denn es wird beim Grillen weich und verleiht der Frucht ein süßes Aroma. Probieren Sie einmal Bratäpfel mit Marzipan: Das Marzipan mit etwas Puderzucker und einigen Sultaninen verkneten, die Äpfel damit füllen und auf jeden Apfel einige Butterflöckchen geben. In feste Alufolie einwickeln und bei mittlerer Hitze 20 Minuten auf dem Rost grillen.

Cointreau-Orangen in Ahornsirup

ZUTATEN

25 g Butter, zerlassen
4 unbehandelte Orangen
2 EL Ahornsirup
2 EL Cointreau oder Grand Marnier
Crème fraîche oder Frischkäse zum Servieren

FÜR 4 PERSONEN

1 Aus Alufolie acht Quadrate ausschneiden, in die sich jeweils eine Orange einwickeln lässt. Damit die Aluschicht fest genug ist, jeweils zwei Quadrate übereinanderlegen. In der Mitte mit etwas Butter bestreichen.

2 Eine Orange vorsichtig schälen. Mit einem scharfen Messer die weiße Haut von der Schale schaben. Die Schale in streichholzdünne Streifen schneiden. In einen kleinen Topf geben, mit Wasser bedecken und zum Kochen bringen. 5 Minuten kochen lassen, die Streifen abtropfen lassen und beiseite stellen.

3 Alle Orangen schälen, dabei ganz belassen und die weiße Haut entfernen. Die Orangen über einer Schüssel quer in mehrere dicke Scheiben schneiden, um so den Saft aufzufangen. Wieder zusammensetzen und jeweils auf eine doppelt zugeschnittene Alufolie geben.

4 Die Folie rings um die Orangen andrücken, dabei oben eine Öffnung lassen. Ahornsirup und Likör unter den Orangensaft rühren. Die Mischung über die Orangen gießen. Einen Klecks Butter darüber geben und die Folien fest verschließen.

5 Die Päckchen auf dem Rost bei starker Hitze 10–12 Minuten grillen, bis die Orangen heiß sind. Mit Crème fraîche oder Frischkäse servieren und mit der fein geschnittenen Orangenschale garnieren.

KÜCHENTIPP

Wer dieses köstliche Dessert lieber alkoholfrei mag, kann den Likör durch Orangenmarmelade ersetzen.

Erdbeercroissants vom Grill

Zutaten

4 Croissants
120 g Ricotta
120 g Erdbeermarmelade

Für 4 Personen

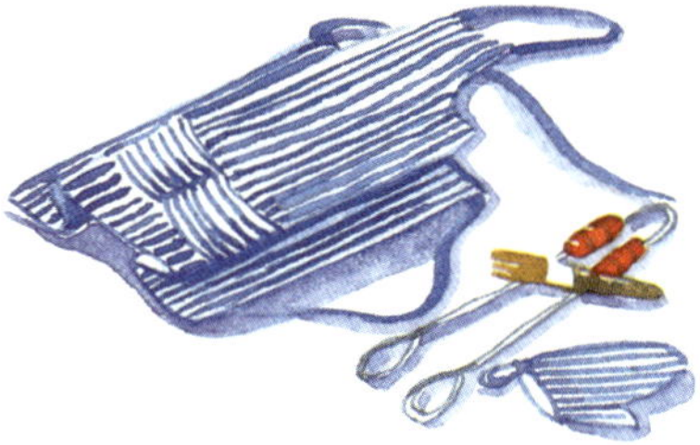

1 Die Croissants halbieren und die Hälften mit der Schnittfläche nach oben auf ein Brett legen. Die unteren Hälften mit Ricotta bestreichen.

2 Auf die oberen Croissanthälften jeweils einen Esslöffel Erdbeermarmelade geben und gleichmäßig verstreichen. Dann die Croissants wieder zusammensetzen.

3 Die gefüllten Croissants bei starker Hitze 2–3 Minuten grillen. Dabei einmal wenden. Sofort servieren und nach Belieben Eiscreme dazu reichen.

Variation

- Anstatt der Croissants können Sie auch andere süße Teilchen verwenden.
- Als Füllung eignen sich auch Sahnequark oder Mascarpone und Aprikosen- oder Sauerkirschmarmelade.
- Streuen Sie Schokoladenchips oder grob gehackte Blockschokolade zwischen die Croissanthälften.

Obstspieße mit Schokoladen-Marshmallow-Sauce

ZUTATEN

2 Bananen
2 Kiwis
12 Erdbeeren
15 g Butter, zerlassen
1 EL frisch gepresster Zitronensaft
1 TL gemahlener Zimt
SAUCE
200 g Blockschokolade, grob zerkleinert
120 ml Schlagsahne
8 Marshmallows
½ TL Vanille-Extrakt

FÜR 4 PERSONEN

1 Vier Bambusspieße 30 Minuten in kaltem Wasser einweichen. Die Bananen schälen und jeweils in vier Stücke schneiden. Die Kiwis schälen und vierteln.

2 Die Spieße abtropfen lassen. Bananen, Kiwis und Erdbeeren abwechselnd darauf stecken. Butter mit Zitronensaft und Zimt in einer Schüssel verrühren und die Früchte damit großzügig bestreichen.

3 Für die Sauce Schokolade, Schlagsahne und Marshmallows in einen Topf geben. Auf dem Grill bei schwacher Hitze unter Rühren erwärmen, bis die Zutaten geschmolzen sind und eine glatte Sauce entstanden ist. Die Masse soll dabei nicht kochen.

4 Die Sauce an den Rand des Grillrosts stellen. In der Zwischenzeit die Obstspieße 2–3 Minuten grillen. Dabei einmal wenden. Den Vanille-Extrakt in die Sauce rühren. Die Sauce zu den Spießen reichen.

Rezeptverzeichnis